AF229424

MÉMOIRE

ADRESSÉ

A LOUIS-STANISLAS-XAVIER,

LORS DE SON RETOUR EN FRANCE.

PAR UN ANGLAIS.

A PARIS.

1815.

MÉMOIRE

ADRESSÉ

A LOUIS-STANISLAS-XAVIER,

LORS DE SON RETOUR EN FRANCE.

Par un Anglais (1).

Chassez le naturel, il revient au galop.

APRÈS vingt-deux ans d'exil, d'abandon et de mépris, Votre Majesté reçoit de toutes parts des félicitations et des applaudissemens; sa route est jonchée de fleurs, son sourire recherché comme la plus précieuse des bénédictions, et cela, Sire, dans un pays où l'on a souffert que vous vécussiez pendant tant d'années dans la même obscurité que si vous eussiez été un malheureux manufacturier, ou un simple petit négociant.

Votre procession dans le char royal, tiré par les huit chevaux favoris de notre Roi; la splendide et nombreuse garde d'honneur qui vous

____

(1) Londres , avril 1814 , *Registre politique* de M. Cobbett , N°. 18.

entouroit, le concours de la vaillante noblesse
et des gens de bien qui considéroient comme un
honneur qu'il leur fût permis de vous suivre en
cavalcade, les milliers d'équipages, et la foule
innombrable assemblée dans cette métropole et
dans les environs pour vous saluer, la cocarde
blanche arborée et les étendarts de même couleur
parsemés de fleurs de lis, votre entrée dans le
palais de notre Reine, l'embrassade à la française
de notre Régent, et l'accueil vraiment gracieux
et tendre de son auguste Mère, tout ceci doit
avoir produit sur l'esprit de Votre Majesté un
effet proportionné à la grandeur du *contraste*
qu'on ne peut manquer d'apercevoir entre ces
circonstances et celles dont votre existence a été
accompagnée pendant tant d'années.

Votre Majesté, qui maintenant a acquis tant
d'expérience du monde, qui a eu l'occasion d'ap-
précier la valeur réelle des félicitations et des
applaudissemens, n'a pas besoin qu'on lui rappelle ce qui dut être l'objet de ses observations.
Peut-on cependant passer sous silence la joie vive
que le peuple de cette même ville de Londres
fit éclater à l'arrivée de l'ambassadeur de Napoléon après la paix d'Amiens? avec quelles délices
il suivit ses pas! avec quelle gaieté et quel em-
pressement il détela les chevaux de sa voiture
pour remplir lui-même leur fonction! On entre-

laça le drapeau tricolor avec celui de la Grande-
Bretagne ; partout on exiba le portrait de Napoléon se touchant la main avec notre Roi. Lord
Maire de cette même ville, qui vous compli-
menta dernièrement dans les termes de l'amitié
la plus affectueuse, avoit, au grand jour de sa
Fête annuelle, les drapeaux de Napoléon et de
la Grande-Bretagne flottant sur sa tête, et la santé
de Napoléon fut la seconde qu'on porta dans le
banquet de cette même journée.

Mais le futur seul, voilà le but de cette Adresse;
son objet est de vous donner mon avis, en vous
recommandant particulièrement d'être en garde
contre des mesures vexatoires envers un peuple
nombreux et brave que vous êtes appelé à gouverner, et qui mérite l'estime de toutes les Nations de la terre pour les sacrifices qu'il a faits à la
cause de la liberté! Le plus instruit, le plus brave,
le plus grand capitaine qui vécût jamais, a souffert qu'on lui ôtât le diadême qui ceignoit sa tête;
il a été dépouillé de sa puissance; mais les principes de liberté n'ont pas été éteints en France;
ils n'y ont éprouvé aucune altération. Si Votre
Majesté est résolue de gouverner d'après ces
principes, votre retour sur le trône de vos ancê-
tres fera le bonheur du monde. S'il en est autre-
ment, il produira des maux qui vous seront,

ainsi qu'à votre famille , plus funestes qu'au monde , car tôt-ou-tard il faut que ces principes triomphent. L'esprit de l'homme ne connoît point de mouvement rétrograde ; ce qu'il a appris, il ne peut l'oublier ; et il n'existe plus maintenant un seul homme bien informé en Europe, qui puisse croire que les Nations soient faites pour ceux qui les gouvernent. Il est aujourd'hui une maxime reçue et universellement établie dans l'esprit des Peuples, c'est que les Gouvernans, quels que soient leurs titres, ne dérivent leur autorité que de ceux sur qui, et pour l'avantage de qui cette autorité est exercée.

Votre Majesté ne manquera pas d'hommes qui lui conseilleront de rendre votre restauration telle, qu'elle produise les mêmes effets qui furent la cause efficace de la fin tragique de votre frère et de votre long exil ; ils s'efforceront de vous dire que l'ancien régime a existé plusieurs siècles sans être ébranlé par des commotions populaires ; que, par conséquent, il est le régime propre à prévenir une autre révolution ; que gouverner sur les principes de la liberté, seroit approuver les actions des républicains ; que vos vrais et seuls amis sont les chauds royalistes, les prédicateurs du droit divin, et qu'il y auroit de l'ingratitude envers ceux qui n'ont jamais abandonné votre cause, d'agir comme si vous pardonniez librement à ceux qui ont approuvé les décrets lancés contre l'autorité et la vie de votre famille. Si Votre Majesté avoit le moyen et le cœur de détruire une population de 3o,ooo,ooo d'habitans, il pourroit y avoir quelque raison dans un tel conseil; mais, en ne vous supposant pas une telle volonté, je sais que vous n'avez pas le pouvoir de commettre une action si terrible; cependant, sans un tel pouvoir, le conseil de ces ennemis de la liberté, aussi vils que méchans, doit être dénué de sens commun; et en agir ainsi, produiroit de nouvelles convulsions qui, suivant toutes probabilités, amèneroit de nouveaux malheurs sur vous et sur vos descendans.

Vous retournez chez un peuple bien différent en disposition et en caractère de ce peuple que vous connûtes en France avant la révolution. Les Français n'étoient à nos yeux qu'un objet de mépris et de ridicule; falloit-il représenter sous la forme humaine un être lâche et méprisable, nous choisissions toujours un Français. Nous appelions ce peuple esclave, et il passoit en proverbe chez nous que c'étoit une race d'êtres aussi foibles que frivoles. Les Français ont banni ces épithètes insultantes.; sans rois et sans nobles pour les guider, ils nous ont forcés à les respecter et à les craindre. Il ne falloit qu'une révolution pour produire

un tel changement dans l'opinion du monde.
Lorsque nos auteurs, qui ne vivent qu'en flat-
tant la vaine gloire d'un peuple ignorant, veu-
lent maintenant dépeindre la foiblesse et la lâ-
cheté, ils ne choisissent plus les Français pour
leur sujets.

Le peuple Français, placé sous l'influence
d'une force étrangère, pourroit sembler ac-
quiescer au rétablissement de l'ancien ordre
de choses; mais cette influence ne peut durer
long-temps, et du moment qu'elle cessera, le
peuple reprendra ses droits; ce peuple est ac-
coutumé depuis long-temps aux dissensions, ce
peuple a vu ce qu'il est capable de faire, ce
peuple est imbu du plus profond mépris pour
les prétentions de la naissance et du rang; il a de-
vant lui l'expérience qu'il peut se défendre
contre l'Europe entière, sans le secours de la
valeur et de la sagesse héréditaires. . . . .
. . . .

On nous vante la joie extrême qui règne dans
toutes les parties de la France sur votre restauration ; on nous dit que ce sentiment est
universel; on nous assure que le peuple Français vous aime évidemment, ainsi que votre famille; on nous dit enfin, dans des documens au-
thentiques, qu'il n'y a pas de voix contre vous.
Mais n'est-il pas étonnant que ces sentimens

aient été condamnés au silence depuis tant d'années?.... Que tandis que Napoléon et son armée étoient en Espagne, à Vienne, à Berlin, à Moscow ; tandis que de si belles occasions se montroient où rien ne pouvoit en, apparence, empêcher le peuple Français d'exprimer ses désirs en votre faveur; que dans aucune de ces occasions aucun membre de cette nation populeuse n'ait, malgré son amour pour le changement, pensé ou exprimé son désir pour le retour de l'ancienne famille ?... Ne vous y trompez pas ; quelques bruyantes que peuvent être ces clameurs, elles n'ont pas surpassé et ne surpasseront pas celles qui furent entendues pour Napoléon, proclamé à Rome, à Amsterdam, à Berlin, à Vienne avec la même joie que Votre Majesté paroit l'être aujourd'hui à Paris. Ces démonstrations ne sont pas suffisantes pour juger des sentimens réels d'une nation. Si Votre Majesté a un véritable ami auprès d'elle, il l'avertira à chaque heure du jour de ne pas fonder ses espérances sur celles dont ces clameurs paroissent être l'évidence. Il lui rappelera, comme je l'ai fait, que jamais le peuple Français ne parla de vous ni de votre famille, jusqu'à ce que des armées étrangères se fussent emparées de son pays, et que sa répugnance étoit si grande à le faire, que la cocarde blanche ne voyagea pas avec autant de rapidité dans la France que les envahisseurs. Ce sont des faits qu'un Conseil fidèle vous mettra constamment sous les yeux, comme la plus forte de toutes les raisons possibles pour vous porter à agir de manière à réconcilier le peuple avec votre nom.

Si le peuple veut vraiment votre restauration, s'il a proclamé votre retour avec une joie sincère, s'il désire ardemment son ancienne noblesse, si cette contre-révolution est vraiment son ouvage; pourquoi cette crainte de la presse hautement manifestée par ce gouvernement provisoire qui, après avoir accusé Napoléon d'avoir violé la liberté de la presse, y porte de nouvelles entraves, sous le prétexte d'empêcher des publications dangereuses ? Tout prouve que Votre Majesté a encore beaucoup à faire pour gagner l'esprit du peuple Français, que votre objet doit être de le convaincre par vos mesures qu'il ne perdra rien au changement; qu'il ne retournera jamais dans cet état d'où il s'immergea en 1789; qu'il jouira du fruit de son travail et de son génie; que son pays sera toujours grand, et enfin qu'il n'aura à souffrir ni par raison d'intérêt, ni par son caractère, ni par votre restauration.

Vous avez le désavantage de succéder en pouvoir à un homme qui, malgré tout ce qui

en a été dit, et tout ce qu'on en peut dire,
vivra à jamais dans les rangs les plus distingués
de la renommée; il porta les armes Françaises
plus loin qu'aucun autre homme; il rendit la
France plus grande que jamais elle ne l'avoit
été. La splendeur de ses exploits le rendit cher
à un peuple enthousiasmé de la gloire militaire.
Il fut le protecteur libéral des arts et des sciences;
il montra d'une manière invariable que la gloire
de la France étoit l'objet constant de ses vues,
et l'on n'oubliera jamais, que même dans ses
derniers momens de règne, s'il eût voulu consentir à un traité qui devoit rendre la France à un
état méprisable , il seroit encore Empereur.
Quoiqu'il devint l'ennemi de la liberté, sentant
que les amis de la liberté ne pouvoient lui être
conciliés, il établit, ou du moins il confirma un
sage code de lois; il fit que la justice s'administra
d'une manière juste, impartiale et ponctuelle; et
le Peuple français, si ce qu'on appelle la consti-
tution est acceptée et conservée par vous, ne
manquera pas de se rappeler que son principal
mérite est qu'elle renferme ce qu'il avoit établi;
qu'elle est l'ouvrage de ses mains; qu'il créa le
Sénat et le Corps législatif, et que par quelque
nom que son code soit maintenant appelé, il n'en
sera pas moins le *Code Napoléon.*

Il ne vous faudra pas peu de prudence et de

fermeté pour satisfaire au peuple qui a vécu sous le règne d'un tel homme. L'ancien régime ne convient pas du tout à un tel peuple; il a été la victime de ce régime; ceux qui y sont encore attachés vont bientôt quitter la vie; la scène est pleine de nouveaux acteurs dont le sentiment et l'esprit ne sont propres qu'à un ordre de choses plus libre et plus actif.

Le tableau de la France avant la révolution étoit tel que l'homme qui n'auroit pas souhaité un changement total dans le gouvernement n'auroit été qu'un monstre sous une forme humaine. Il y avoit cependant de tels hommes, même en Angleterre; mais leurs souhaits ont été vains; ils ont eu la mortification de voir le peuple français devenir libre, et ces mêmes hommes s'efforceront encore aujourd'hui de stimuler Votre Majesté pour rendre les Français esclaves. Leur haine est divisée entre la France et la liberté; mais cette dernière l'emportera dans leur esprit. Cette classe d'homme, et cette classe seule, vous recommandera d'essayer à rétablir l'ancien régime; ils sont martyrisés à l'idée d'une révolution qui s'est terminée en faveur de la cause de la liberté.

Votre Majesté aura besoin de toute sa fermeté et de sa résolution. Les prêtres vous assailleront avec l'artillerie de leurs intrigues sans fin et toujours variées. Avoir dépouillé l'église de son patrimoine, vous sera exposé comme le plus grand des crimes, et la nécessité de lui rendre justice, vous sera représentée au risque même de la perte de votre couronne et de votre vie. Quant à vos sermens, ils les appelleront *bagatelles*, en les mettant en comparaison avec *tout ce qui est estimable dans l'éternité.*

Votre Majesté ne manquera pas de trouver des conseillers remplis de terreur à l'idée seule que le peuple français peut-être libre et heureux. Ils craignent de voir ce peuple conserver ses avantages ; ils craindroient par - dessus toute chose les conséquences qui pourroient résulter en le voyant sous un Gouvernement reconnu légitime, et libre de charges et de *dîmes.* . . . .
. . . .

De même que Napoléon, vous ferez bien de vous servir de tous les hommes à talens qui seront à votre portée, sans égard aux opinions religieuses. La croyance ou l'incrédulité n'a rien de commun avec la manière de faire un traité, de pointer un canon, ou de décider une question de loi ou d'équité. Vous attirerez sur vous, il est vrai, les malédictions de la superstition et de ses ministres, de la corruption et de toutes ces oligarchies de la terre ; mais vous serez fidèlement servi, et la France sera toujours capable de châtier les agresseurs envieux.

Vos seuls et réels ennemis sont ceux qui s'efforceront à vous exciter à des actes de despotisme et de vengeance.

Vous avez vu qu'on ne peut pas compter sur les rejetons frivoles de ce qu'on appelle la haute noblesse. Il y avoit assez de ces hommes en France pour sauver la vie de votre frère, ou pour élever son fils sur le trône après sa mort; ils n'ont fait aucun effort pour sa défense; ils ont fui de leurs maisons, et ont abandonné leurs pays, cherchant un secours étranger pour faire ce que leurs devoirs les obligeoient d'accomplir eux-mêmes.

Ils haïssoient la liberté; mais heureusement ils manquoient de courage et de cœur pour s'opposer à ses progrès. Ils ont été sévèrement punis; et ils chercheront maintenant à se venger, en vous forçant à des actes hostiles à la liberté de la nation.

Ils vous siffleront constamment aux oreilles qu'il est nécessaire de resserrer les limites. Ils vous diront que votre frère succomba par sa trop grande bonté, et que vous devez en conséquence être sévère. Ils ne vous révéleront jamais les causes réelles qui produisirent sa fin tragique; c'est-à-dire, d'abord leurs avis pernicieux, et en second lieu leur lâche désertion. Si votre Majesté a la fermeté de résister à ces conseillers, de donner une sourde oreille aux prêtres, et d'adhérer strictement au contrat social que vous avez fait avec le peuple français, il n'y a point de traité auquel vous ne puissiez consentir, et il n'y a point de combinaison du dehors qui puisse vous empêcher d'être le plus puissant monarque du monde. Vous serez entouré de généraux habiles, et vous aurez, au-delà de tout ce que l'histoire peut offrir, des hommes dont le seul nom inspirera le desir de vivre en paix avec vous, et de vous traiter avec respect. La nation est éclairée, les arts et l'agriculture florissent dans vos domaines ; vous n'avez point de dettes pour vous plonger ainsi que votre Royaume dans l'embarras et dans la confusion ; votre banque paie ses billets en numéraire ; il n'y a point de privilèges exclusifs pour entraver les connoissances et l'amélioration des choses utiles à la société ; le sol et le climat de la France sont les plus beaux du monde, et son peuple est le plus brave et le plus ingénieux. Les moines sont exclus des sciences et de leurs couvens ; toutes les causes de la première décrépitude de la France ont disparu, et il dépendra entièrement des avis que vous suivrez pour que les Français jouissent du fruit de leurs immenses sacrifices et de leurs exploits incomparables de valeur, ou qu'ils

soient destinés à renouveler ces mêmes sacrifices
et ces mêmes exploits.

Les Français, par leurs vaillantes excursions,
ont mis l'Europe dans une commotion qui ne
s'appaisera pas de sitôt ; l'Espagne, le Portugal,
l'Italie, la Hollande, la Belgique, la Suisse,
la Sicile, tous ces pays sont encore dans un état
d'agitation. Il est de la politique de votre Majesté
de leur laisser arranger leurs disputes comme ils
l'entendront. La France doit maintenant rester
en paix ; son peuple doit jouir des bénédictions
qu'il mérite si bien ; que les autres nations com-
battent tour-à-tour pour la liberté, ou restent
dans l'esclavage ; que ceux qui ont eu en vue
l'humiliation de la France, de la déchirer en
pièces, et de la ramener à des siècles reculés,
que ceux qui la haïssent ou qui l'envient, ar-
rangent entr'eux leurs différens comme ils le ju-
geront convenable. Si le peuple français est libre
et heureux, le reste de l'Europe suivra bientôt
son exemple.

J'ai vu, avec une satisfaction infinie, que les
généraux républicains paroissent avoir la préé-
minence dans le nouvel ordre de choses : ce sont
des hommes dans lesquels votre Majesté peut se
confier. Une noblesse vieille et décrépie, qui a fui
dans toutes les parties de l'Europe à l'approche

des Républicains Français, ne convient point à des temps comme ceux - ci. — Qu'ils portent leurs vieux cordons et leurs manchettes, qu'ils s'entourent de leurs vieux parchemins et de leurs armoiries ; mais ne leur confiez pas vos armées. Que les officiers militaires continuent à s'élever par leur mérite, et ne leur demandez point ce que sont leur père et leur mère.

Les plus braves et les plus habiles sont ceux capables de vous soutenir, et ce sont ceux-là seuls que vous devez considérer. Une grande cause des succès de Napoléon fut d'avoir pris tous ses commandans parmi ses soldats. Chacun de ces derniers avoit alors l'espoir d'une promotion ; il n'avoit pas la mortification de se voir préférer le fils de quelque noble, le bâtard d'une maîtresse ou le stupide rejeton d'une famille en crédit. Les commissions, dans l'armée, n'étoient point le salaire de la corruption, de la prostitution ; elles n'étoient point l'ouvrage de quelques créatures favorites, ou du valet de chambre d'un gueux en place ; elles n'étoient point comptées comme les récompenses d'une scélératesse politique ; elles n'étoient point données comme des gratifications pour des actes destructeurs de la liberté civile et religieuse. Que le monde dise ce qu'il voudra de votre prédécesseur renommé ; on se rappellera

toujours que le mérite réel fut l'objet de ses récompenses et de ses louanges . . . .

. . . .

Mais si vous vous laissez persuader de gouverner par des moyens de corruption, vous devien-
drez vous-même un esclave. Il faudra que vous
preniez alors les instrumens que vous fournira la
corruption ; il faudra vous soumettre à l'impu-
dence, à l'insolence, à l'ignorance et à l'imbé-
cillité qu'une oligarchie vous imposera, et vous
entendre avec elle pour piller votre peuple afin
d'obtenir les moyens suffisans pour soutenir
votre splendeur et celle de votre famille. Dans
un tel état de choses, le peuple français sera ré-
duit à travailler pour des gens aussi fainéans que
les moines, et plus nombreux qu'eux ; les moines, dans tous les cas, vivoient de ce qu'ils appeloient leur propriété et non pas des taxes, mais
un essaim de paresseux, engendrés par la corruption, tomberoit immédiatement sur les reve-
nus publics, de même que la plus abjecte vermine
tombe sur une carcasse ; en outre, les moines
étoient des célibataires, tandis qu'ici la corruption couvera à la fois mâle et femelle, le père
et la mère, les fils et les filles, les oncles et les
tantes, les cousins et les cousines, trop nombreux
pour être comptés, tous tomberont ensemble sur

votre pauvre peuple; acharnés contre lui, ils suceront jusqu'à la dernière goute de son sang, sans égard pour ses cris lamentables; il l'insulteront peut-être même, en lui disant ironiquement que tout ceci est le prix de la liberté qu'il a désirée. . . . .

La restauration de Votre Majesté rappelle l'élévation de Sixte V à la Papauté. Celui qu'on avoit laissé vivre entièrement ignoré se vit toutà-coup entouré de flatteurs et d'admirateurs; mais le vieil âne d'Ancône, ainsi que les cardinaux l'appeloient, étoit au fait un homme sage et rusé; il devint dans un moment l'objet de l'éloge de l'orgueilleuse famille des Médicis et de bien d'autres non moins fières. Votre Majesté est aussi aujourd'hui un objet de flatterie pour quelques personnes, d'après des motifs semblables à ceux de la maison des Médicis. On lit dans l'histoire qu'une foule immense s'assembla pour féliciter Sixte V sur son élévation ; on lui dit même que sa santé sembloit s'améliorer, et qu'il avoit encore la perspective d'une longue existence. Dans leurs soins officieux, ces adulateurs allèrent même jusqu'à s'offrir pour l'aider à passer ses vêtemens pontificaux; mais ils apprirent bientôt de sa propre bouche qu'il n'avoit pas besoin de leur assistance. Si votre Majesté se conduit avec sagesse , elle imitera maintenant ce célèbre ecclésiastique , dont les nouveaux flateurs espéroient devenir autant de maîtres sur son esprit , ou du moins s'assurer une grande influence auprès de lui ; mais ils se trompèrent, car ils ne furent pas long-temps à devenir les objets de sa censure , et à sentir les effets de son pouvoir. Il en résulta qu'ils se reprochèrent bientôt d'avoir contribué à son élévation ; mais il étoit trop tard. Il en sera de même pour vous, Sire , si vous gouvernez avec justice et modération, si vous avez soin de ne pas sacrifier l'honneur et les intérêts de la France, si vous retournez vers votre peuple dégagé de tout sentiment de vengeance et de ressentiment, et surtout si vous montrez que vous êtes résolu de maintenir ses droits et sa liberté.

De l'Imprimerie de Doublet.